Paul de Lagarde

Gedichte

Paul de Lagarde

Gedichte

ISBN/EAN: 9783743661967

Hergestellt in Europa, USA, Kanada, Australien, Japan

Cover: Foto ©ninafisch / pixelio.de

Weitere Bücher finden Sie auf **www.hansebooks.com**

Gedichte

von

Paul de Lagarde.

Göttingen

1885

Dieterichsche Verlagsbuchhandlung

Druck der akademischen Buchdruckerei (W. Fr. Kästner).

Moriturus vos salutat.

1846—1885.

Erster Wunsch.

Um mich klingt mit tiefem Träumen,
Einsamkeit, dein holdes Weh.
Laßt mich hier im Walde säumen,
wo die Blätter sehnend rauschen,
Blumen, Vögel Küsse tauschen,
wo still friedlich grast das Reh.

Wär' ich doch hinab zum Grunde
tief gesunken in das Meer,
daß verklänge jede Kunde,
daß verstummte alle Frage:
nur zur trauten Abendstunde
käme ich als süße Sage:
Kinder träten zu mir her.

Aussichten eines Theologen.

Nur schroff Gestein, von wenig Moos gedeckt,
drauf eine Birk' im Winde schwankend,
Brombeeren an den Wänden rankend:
doch süße Quellen sind im Grund versteckt,
Uranfangsschöpfung, Gold, liegt in der Tiefe.
O daß ein Meister hier vorüber käme,
Brecheisen, Bohrer, Karst zu Hilfe nähme,
und diese Quellen in die Höhe riefe,
das Gold, das unten weit und reich verzweigte,
dem der es brauchte, zeigte!
O plätscherte die Fluth den Fels hernieder,
so grüßte bald mit Blumen sich die Welle:
der Wandrer streckte gern die müden Glieder
an dieser sonst gemiednen Stelle.
Gern geht die Heerd' auf die einst dürre Halde:
es streift das Reh, der Hirsch in jungem Walde.
Die Stufe hier gab reichlichen Gewinn.
Dies Gold dem Meister, der mit klugem Sinn
in seiner Werkstatt (sieh, dort liegt sie) waltet,
und es zur Kette bald, und bald zum Ring gestaltet,
auch wohl zum Kelche, draus aus Priesters Händen
den Gläubigen das Blut des Herrn zu spenden.
Es war ein Traum! Der Fels steht wie er stand,
die Birke drauf blickt einsam in das Land,
und Gold und Quelle sind im Grund verschlossen.

Rückkehr.

Der Wind wogt leise in den hohen Kronen
der Fichten hier auf einsam steiler Spitze:
der warmen Sonne näher und dem Blitze
möcht' ich ein sinnend Leben durch hier wohnen.

Doch wird der Winter auch die Blumen schonen,
die hier entsprießen jeder Felsenritze?
wird, weit von Menschen, mit dem eignen Witze
allein hier oben, dazusein sich lohnen?

Und seh' ich jetzt in sanft geschwungnem Bogen
am Abhang dort die Straße nordwärts steigen,
und schwinden fern am blauen Horizonte —
wie bin ich mit der Weisheit arg betrogen!
Ich will mich wieder vor den Augen neigen,
an deren mildem Strahl' ich einst mich sonnte.

Fremdes Glück.

Versunken nicht, und doch von keiner Hand gepflegt,
am Wege, steht das Grab, darein sie ihn gelegt.
Er höret wie im Traum was über ihm geschieht,
wie eine Nonne trüb durch ihren Schleier sieht.
Er hört den Hochzeitszug, hört, wie's zur Kirche läutet:
ihm sagt sein wundes Herz, was dieser Ton bedeutet.
Zum Beten will die Händ' er ineinander legen,
doch kann die Seele nicht die toten Hände regen:
die Halberwachte fällt in tiefen Schlaf zurücke,
und träumet thränenvoll von einem fremden Glücke.

Auf Burg Bodenlaube.

Minnelieder klangen hier,
deine Ritter sangen dir
hier dein Lob, Irene.
Kaisertochter, Kaiserbraut,
deutscher Ehre angetraut,
hast hier oft hinabgeschaut
von der Fensterlehne.

Klomm sonst Wald den Berg hinan,
hangen jetzt viel Reben dran,
Korn und grüne Reben.
Deiner Blicke milde Macht
hat, wo du nur hingelacht,
wärmern Himmel angefacht,
himmlisch mildes Leben.

Jene Lieder hat die Luft
unter wilder Blumen Duft
treulich aufgehoben:
spielt mit dem geliebten Klang
hier schon manch Jahrhundert lang,
ich auf meinem Lebensgang
fand ihn noch hier oben.

Hab' im Thale eine Braut:
komm mit mir, du süßer Laut,
komm, du selig Sinnen.
Wenn die Burgen schon nicht stehn,
einst die Hütten dort vergehn,
wird die Welt dich ewig sehn
neu den Lauf beginnen.

Botschaft.

O laue Luft, wenn deine leichten Schwingen
dich zu zwei Gräbern fern im Norden tragen,
so darfst mein Glück du jenen Blumen sagen,
die aus dem stummen, heil'gen Grunde dringen.

Und Nachts, wann Nachtigallenlieder klingen,
dann bitte du (sie werden nicht versagen),
daß sie den Herzen, die jetzt nicht mehr schlagen
und doch mir gut sind, drunten Kunde bringen.

O laue Luft, doch heiß sie leise reden,
daß die dort schlafen nicht erwachen müssen,
nein, wunderselig nur zu träumen wähnen,
und sag', ich lebe, ein von lieben Küssen
in unsern ersten Wonnetraum von Eden
zurückgezaubert Kind voll Lust und Thränen.

Symphonie.

Es drängen sich um mich des Wohllauts Wellen,
und meine Seele, hoch emporgetragen,
sieht immer neue Firmamente ragen,
und immer neue Sonnen sie erhellen.

Und aber, wie die Töne mächt'ger schwellen,
ergreift mich jäh ein schwindelndes Verzagen:
wer kann in jenen dunklen Glanz sich wagen,
aus dem so urweltgroß die Klänge quellen?

Da heißt es plötzlich: Traue dich den Wogen:
was einmal ist, geht nimmermehr verloren.
Denn eh die Tiefen unter dir gegründet,
eh oben sich gewölbt des Himmels Bogen,
war deines Ichs Gedanke schon geboren,
und deine Rettung Engeln schon verkündet.

Sommermorgen.

Die Sonn' ist auf: es dampft der Morgen:
nun frisch zu Pferd, und in die Welt!
Der Abend hatte seine Sorgen:
was jetzt zu sehn ist, das gefällt.

Schau! dort an jenem Abhang schleichen
schon Sonnenstrahlen in den Wald.
Blau schwankt der Hauch um meine Eichen:
Geduld! das volle Licht kommt bald.

Da schwimmt der Glanz auch durch die Kronen:
ach! fröstelnd fühl' ich junges Licht.
Mit Hitze soll man mich verschonen,
doch auch die Kälte mag ich nicht.

Es trieft der Thau von allen Zweigen:
so reichen Segen gab die Nacht.
Doch leider! alle Vögel schweigen:
ich habe zu früh mich aufgemacht.

Hinaus ins Feld! aus seinen Aehren
ertönt der frommen Wachtel Ruf:
O hellen Dank für sein Gewähren
dem Gott, der mir dies Alles schuf.

Rasch jetzt zum Fluß: im weiten Bogen
begrenzt er unten mein Gebiet,
von grauem Weidicht eng umzogen,
dem er gemach vorüberflieht.

Nun, Brauner, gibt's ein lustig Jagen:
du an die Krippe, ich ins Bad.
Wer von uns zwein wohl mehr Behagen
an dem zunächst Beschiednen hat?

Und dort am Haus der wahre Morgen,
die junge Königin meiner Welt.
Der Abend hatte seine Sorgen:
was hier mein Eigen, das gefällt.

Der beste Steuermann.

Armenisches Volkslied.

Unser Herr, ein Greis mit weißem Barte,
saß in Glorie auf des Kreuzes Holze,
sprach mit süßer Stimme zu den Schiffern:
„O ihr Schiffer, meine lieben Brüder,
„Brüder, nehmt den Greis in euer Schiff auf,
„und ich will für euch Gebete beten."
»Troll dich, troll dich, Greis mit weißem Barte:
»unser Schiff ist feil nicht für Gebete:
»Schiff ist groß, und reichlich groß das Fahrgeld:
»einem Kaufmann' ist dies Schiff beladen.«
Schlug das Kreuz er, siegelte ein Briefchen,
streckte aus die Hand, und hub drin Sand auf,
einen Stein hub er als Gold auf: „Schauet,
da ist Gold für euch, und da ist Silber."
Fahrgeld zahlte er, das Schiff bestieg er:
„Da ist Gold für euch, und da ist Silber."
Doch der Tiefen Wasser brausten mächtig:
von den Wogen ward das Schiff bedränget.
»Woher kamest du, o Mensch voll Sünde?
»Selbst verdirbst du, und bringst uns Verderben.«
„Ich voll Sünde? Laßt das Schiff mich führen:
„leget euch zu lindem Schlafe nieder."
Mit der rechten Hand schlug er das Kreuz da,
steuerte das Schiff mit seiner Linken.

Noch war nicht des Mittags Zeit erreichet,
als das Schiff am Ufer sicher fest lag.
„Brüder, stehet jetzt vom linden Schlaf' auf,
„von dem linden Schlaf' und bittern Träumen:
„fallet jetzt vor Christus auf die Kniee,
„schauet unsern Herrn, schaut unser Schiff auch."

Bischofs Abscheiden.
Armenisches Volkslied.
(verkürzt.)

Sang's im Weinberg' am frühen Morgen,
sang es am Abend die Nachtigall:
„Stehe auf, und komm nach Hause"
sang sie der Rose mit süßem Schall.

Sprach's zu mir am frühen Morgen,
sprach es am Abend Gabriel:
„Stehe auf, und komm nach Hause
„aus dem Weinberg, komme schnell."

»Kann heraus nicht aus dem Weinberg:
»Dornen steckt' ich um ihn her,
»holte Steine vom Gebirge,
»rings stehn Mauern hoch und schwer.«

»Junge Reben pflanzt' ich drinnen,
»lenkte Quellen zu ihnen hin:
»aß noch nicht von meinen Trauben:
»Scheiden kommt mir nicht in den Sinn.«

»Rothe Rosen, weiße Rosen
»haben mir noch nicht geblüht:
»Apfelbaum hat noch nicht getragen,
»Die Granate noch nicht geglüht.«

Sang's im Weinberg' am frühen Morgen,
Sang es am Abend die Turteltaub':
„Stehe auf, und komm nach Hause,
„Frühling haucht durch das junge Laub."

Sang's im Weinberg' am frühen Morgen,
sang es am Abend die Nachtigall:
„Stehe auf, und komm nach Hause:
„merkst du nicht des Nachtthaus Fall?"

Gabriel kam da gegangen.
Meine Zunge stumm in Bangen,
meine Augen Nachtumfangen:
ach wie kurz der Sonne Prangen.

Waren reif des Weinbergs Trauben,
waren die Blätter all verdorrt:
„Stehe auf, und komm nach Hause".
O wie martert mich dies Wort.

Schleppten mich aus meinem Eigen:
sang darinnen die Nachtigall
jeden Abend, jeden Morgen.
Merkst du nicht des Nachtthaus Fall?

Essener.

Ein Meer von Sonnengluth der rothe Sand:
das Licht so licht, daß es als Schleier sich
um Palmen, Felsen, Berge, Himmel windet:
kein lebend Wesen in dem Feuerdunst,
kein Vogel drüber, keines Lüftchens Hauch:
geschmolznes Erz der ganze weite Raum.
Wie muß es aussehn in der Gotteswelt,
wenn dorthinein sich Menschenherzen wagen,
nur um von ihren Brüdern frei zu sein.
Von Hellas Tempeln und aus Roms Palästen,
aus Seleucias stolzen Kuppelbauten
und von des Nils gesegneten Gefilden
flieht alles Beste in der Wüste Schutz,
die gar nichts bietet was das Herz erfreut,
die nur nichts hegt was Herzen wehe thut.
Und wenn des heißen Tages warme Asche
als Nacht sich um den glühenden Boden legt,
dann wird am Quell, der wen'ge Schritte weit
einsame Palmen und Mimosen tränkt,
der Menschen Stimme wach: ein heil'ger Chor
dankt für die Einsamkeit dem guten Gott,
der seine Blumen, seine Freuden alle
den Schlechten schuf, doch seinen Kindern hier
ein ruhig Plätzchen ließ, ihm treu zu sein.

Hyänen und Schakale schweigen still,
wann ihre Gäste den fernen Vater loben.
Endloser Zug zielsichrer Wandervögel
kreist lichtbeschwingt der Sterne stille Schaar,
und Nacht auf Nacht blickt hinter sie das Herz
der Flüchtlinge, die nach der Heimath suchen.
Wer zählt die Tage, wer die Nächte hier?
sie flohen die Zeit, und wollten ewig leben,
und wissen schon nicht mehr was sterben heißt:
sie leschen aus wie Vogellied im Wald.
Und wenn der Abend eine Leiche sah
von welken Händen in den Sand verscharren,
so stehn am Morgen neue Brüder schon,
den leeren Platz zu füllen, vor der Zelle.

Ad astra.

Es war vor vielen Jahren:
du hatteſt den Kranz in den Haaren,
den Kranz von Roſen weiß und roth:
leiſ' über uns im Winde
rauſchte die alte Linde:
fern ab die Welt und ihre Noth.

Und nicht nach vielen Jahren
— Gott ſelbſt kann es uns nicht ſparen —,
da reißt das ſtarke Band entzwei.
An einem Grab' im Winde
ſchwanket die junge Linde:
mit aller Freude iſt's vorbei.

Da gilt's dann nicht verzagen.
Gott hieß uns das Leben wagen:
er ſteht uns für das Leben gut.
Durch helle Ewigkeiten
wird er uns zwei geleiten:
dann wiſſen wir wie Leben thut.

Helfe Gott mir.

Wenn mein Weg in dunklen Tagen
sich durch Stein' und Dornen windet,
in der Wildniß ganz verschwindet,
auch zur Nacht kein Ende findet —
nun wohlan! ich muß es tragen.

Wenn mich üble Feinde plagen,
ungedenk des Richters droben
wider kleine Fehler toben,
herbe Tüchtigkeit nicht loben —
seht mich an: ich kann es tragen.

Aber ganz müßt' ich verzagen,
wenn der Tod die liebste Liebe
fort von meiner Seite triebe,
ich allein im Elend bliebe.
Helfe Gott mir, müßt' ich's tragen.

Stammbuchblatt.

Zum Ziel führt leichtes Tändeln nicht,
zum Ziele nur ein ernster Flug.
Schön steht ein Blumenkranz dir zu Gesicht,
doch sind jetzt Blumen Schmuck genug?
Der goldne Tag, den Zukunft bringen soll,
wohnt hinter dunklen, wilden Wettern:
das Herz gestählt! die Stirn gedankenvoll!
sonst wird die Windsbraut dich zerschmettern.
Nicht wahr zu sein bloß gilt's, und nicht bloß klug:
die Erde ist zum Glücke nicht genug,
und nur wer strebt und denkt und ernstlich vorwärts will,
steht einst an einem Ziele still.
Man soll das Leben nicht nach Jahren zählen,
und kann das Ziel sich nicht nach Wunsche wählen.
Nach Ellen Dasein wirst du nicht gemessen,
und strebst du in die Zukunft nicht hinein,
wirst du für Zeit und Ewigkeit vergessen.

Stammbuchblatt.

Die liebe Sonne weiß es nicht,
daß sie den Knospen helfen kann:
aus Gottes Herzen quoll ihr Licht,
sie scheint drauf los, und denkt nicht dran.

Der Athem in des Menschen Brust,
der Winde lustig freies Wehn —
das fluthet, ebbet unbewußt,
und segnet, eh wir's uns versehn.

O Menschenkind, so benedeit
mit mehr als Hauch und Luft und Licht,
des innern Seins Nothwendigkeit,
wer die nicht fühlt, der lebt noch nicht.

Naturen sind wir höhrer Art,
und ziehen durch die Geisterwelt,
wie Licht und Wärme hold gepaart
dem Irdschen segnend sich gesellt.

Und wer am Wege weinend steht,
wer trotzig uns entgegentritt,
wann unser Zug vorübergeht,
er faßt die Hand wohl, und geht mit.

Stammbuchblatt.

Wie selig ist's um mich bestellt,
da herzlich Hassen, heißes Lieben
von meinen Vätern her mein Erbtheil blieben:
da auf dem Wege durch die öde Welt
sich alt=erfahrene Führer mir gesellt,
die mich gelehrt, daß Haben wenig frommt,
daß vom Erwerben uns der Segen kommt,
und daß ehrwürdig nur die rege Kraft,
die arbeitselig rastlos schafft.
Heil auch, daß jeder Morgen dazu Amen sagt,
daß es nach jeder Nacht von Neuem tagt.

Stammbuchblatt.

Mit Sonn' und Sternen, Blum' und Blüthen
hat mancher Dichter Unfug getrieben:
sie sind bis jetzt noch schön geblieben:
vor künftigen Lobern wird sie Gott behüten.
Und Glauben, Freiheit, Wissenschaft und Kunst,
sie werden unsre Zeiten überstehn,
wenn sie nicht an des Pöbels Gunst,
der sie bewundert, untergehn.

Stammbuchblatt.

Gott fragt, damit du Antwort gebeſt:
Gott drückt, damit du dich erhebeſt.
Wenn vor dir ein Geheimnis ſchweigt,
ſo heißt das nur: du ſollſt ergründen.
Wenn Ecke ſich auf Ecke zeigt,
iſt's deine Pflicht ſie abzuründen.
Was deiner Zeit und deinem Kreiſe fehlt,
iſt deines Amts hinzuzufügen.
Nicht Unglück iſt es, was die Menſchen quält:
Unthätigkeit allein ſchafft Ungenügen.

Dem Angefundenen.

Ich stand auf Deck in lauer Nacht:
eintönig murmelte das Meer.
Vorüber lautlos glitt ein Schiff:
nun Schlummerstille wie vorher.

Beim heißen Wandern im Gebirg
begegnet' ich manch ernstem Mann.
Ein kurzer Gruß: es war vorbei.
Sein eigner Weg verschlang ihn dann.

Und jedem Schiff auf weiter See,
und jedem Mann auf ödem Steg,
ich gab ihm nichts mit als den Wunsch:
Gott schütze dich auf deinem Weg.

Doch Blut von meinem Blut bist du,
der Gottes große Straßen geht,
der einsam auf zum Gipfel klimmt,
der auf dem Meer im Sturme steht.

Wärst, Ungefundner, du mit mir,
so wären wir alsbald zu dritt:
wo zwei in Gott vereinigt sind,
geht Gott mit ihnen Schritt um Schritt.

Stammbuchblatt.

Was ich liebe, das kenn' ich gut:
was ich hasse, das gibt mir Muth:
was ich weiß, deß ist nicht viel:
der den Pfeil abschoß, kennt sein Ziel.

Anderer Charfreitag.

Als unser Herr auf Golgotha geendet
— so geht die Sage —, ward der Geist ergossen
auf seines hohen Kirchenbaus Genossen,
und erst im Geiste war der Sohn vollendet.

Mein Geist — er sprach es selbst — wird nicht gespendet,
als bis mein Herzblut ist am Kreuz geflossen.
O sagt, was seid ihr dann so gar verdrossen,
daß seine Kirche jetzt zum Tod sich wendet?

Es wird des Christenthumes sel'ger Geist
erst wann sein schöner, heil'ger Leib gestorben,
die Hindernisse alle niederbrechen,
und dann ist jene hohe Gunst erworben,
die uns die Pfingstensage nur verheißt:
die Sprachen all' zu deuten und zu sprechen.

Kindes Geburtstag im Frühling.

Der Frühling draußen rief heraus:
da kamen die Blumen aus dem Haus,
und sind in Eile auf den Beeten
und daneben ins Gewehr getreten.
Die Trommler stehn allein ganz vorn:
das sind die Wachteln im grünen Korn.
Wein im Winde den Taktstock schwenkt,
Trauerweide die Fahne senkt.
„Frühling, du machst deine Sach' nicht gut:
Stehst noch Posten wie ein Rekrut,
Und dienst schon so viele tausend Jahr:
Sage, was Großes im Anzug war?"
Da sagte Frühling mit ernstem Gesicht:
»Der König selber war's freilich nicht:
doch kam da ein Menschenkind gegangen
mit leuchtendem Aug' und rothen Wangen,
dem wölbte die Stirn sich in hellem Glanz
unter der braunen Locken Kranz,
und um den Mund ein Lächeln lind, —
ein incognito reisendes Königskind.
Da rief ich heraus, so froh verwirrt:
o weh mir, wenn ich mich geirrt,
dann sperrt man mich neun Monat ein:
o möcht' es ein echter Prinz doch sein.«

Rom und Italien.

Denke Dir sehr viel Getrümmertes,
an Palmen ein Dutzend, doch ein verkümmertes,
unweibliche Weiber und spuckende Männer,
elende Künstler, elendere Kenner,
einen Haufen Priester in langen Talaren,
die betend spazieren gehn und betend fahren,
Wein ohne Blume, ungesalzenes Brot,
an jeder Ecke dummdreiste Noth,
Luft zum Ersticken, die Straßen enge,
in ihnen ein Müßiggängergedränge:
das ist Rom, die ewige Stadt,
die noch keinem Gesunden gefallen hat.

Doch vor den Thoren, wo die Campagna schweigt,
die Rebe sich um die Ulme zweigt,
wo Berge matt aus dem Schleier ragen,
den des Meeres Dünste um sie geschlagen,
da lebt die wahre Italia,
die Gott mit gnädigem Aug' ansah:
ernst blickende Männer, arbeitsame Frauen:
da darfst du dich freuen, da darfst du vertrauen:
da wächst die Zukunft hell und jung,
nicht auf dem Miste der Erinnerung.
Auch Italien vollkommen auf dem Berg' und im Thal,
wo die Bildung nicht hinkam mit ihrer Qual.

Trauriges Loos.

Seelchen, das auf duft'gen Schwingen
gaukelnd durch das Licht du fliegeſt,
dich durch dichte Hecken ſchmiegeſt,
dich auf Blüthenzweigen wiegeſt,
ahnungslos und ohne Bangen:
nie wird es der Welt gelingen,
dich in ihren Bann zu zwingen,
dich für ihren Dienſt zu fangen.

Doch zum Heer' auch ernſter Schlachten
wirſt du nie als Glied gehören.
Du kannſt plaudern, doch nicht hören,
kannſt bezaubern, doch nicht ſtören,
kannſt wohl plänkeln, doch nicht ſiegen:
und die jetzt dich gern betrachten,
werden ſpöttiſch bald verachten
all dein Fliegen, Schmiegen, Wiegen.

Der Einsiedler.

Wachst mit der Sonne, Bäume! eilt euch, Büsche!
laßt himmelan die grünen Flammen schlagen,
daß keines Fremden neidisches Auge mir
in meines Gartens stillen Frieden blicke.
Ich will, allein mit meinem Glücke nun,
allein mit meinen Schmerzen, meinem Sehnen,
von euch umhegt, in eurer Wipfel Schatten,
die Spanne Zeit, die mir noch bleibt, verträumen.
Was frommt's zu schaffen? Wozu nützt die Sorge,
die bang' um fremder Menschen Kümmernisse
die hülfbereiten, schwachen Arme schlingt?
Ein jeder warte seiner eignen Seele.
Der heiße Kuß, der Herz zum Herzen drängt,
er brennt auf keiner deutschen Lippe mehr.
Unausgesprochne, nie gestillte Lust,
durch welche Seele sich an Seele freut,
die aus der Freude neue Sehnsucht saugt,
und aus der neuen Sehnsucht neuste Freude,
die bittre Lust, der kummervolle Trost
mit Sterbenden zu leben und zu lieben —
ich suche durch mein ganzes deutsches Land:
kein Mensch in ihm hat für so Ernstes Zeit.

Der Augenblicke raschverrauschend Heer,
voll Tand ein jeder, ein Nichts die ganze Schaar,
sie fressen, wie die Wog' am Ufersande,
am Marke des Volks. Drum fliehe, einsam Herz,
in deines Gartens engumgrenzten Frieden:
wer zu dir kommt, der soll willkommen sein.
Und wie die Lilie, wie die Rose hier,
wie Nelke und Veilchen friedlich Platz gefunden,
so mögen Menschen auch verschiedner Art
nah dir, du ungestüm begehrend Herz,
mit dir, dem Abend hier entgegenwarten,
und kommt er, bei der Glocken Klang verstehn,
was in den Bäumen träumerisch der Wind
von bessern Tagen flüstert und rauscht und braust.
Der Nacht entgegen, in der gleich müdem Laube
die hier gewandelt, auf die Erde sinken,
die treuen Augen, die so liebend schauten,
sich trauernd wie zu ew'gem Abschied schließen,
in Trauer sicher, daß der Vater droben,
der durch den Tag die spielenden Kinder liebte,
auch an der Schlafenden engem Bette stehn,
zu neuer, näh'rer, himmlisch froher Liebe
mit seinem Kusse sie einst wecken wird.

Aufgabe.

Es glänz' auf dir ein Wiederschein
des Landes, aus dem du verbannt,
des Hauses, das nach Erdenpein
sein Dach um deine Ruhe spannt.

Ein Gottesgruß an jedes Herz,
ein Bürge einer bessern Welt,
das sei der Mensch: in Lust und Schmerz
ist's mit ihm selig dann bestellt.

Im November.

Holde Hoffnung, neu entzündet,
schwingt sich über Berg und Thal,
wann der wärm're Sonnenstrahl
Frühlings Nahen uns verkündet.

Doch ein ewig Blühn und Lenzen,
einen ew'gen Feiertag,
Leben unter Freudetänzen,
sagt, wer das ertragen mag?

Früchte hat das Herz verlanget,
und der Sommer reift sie bald:
Beeren stehn jetzt dicht im Wald,
weil das Feld mit Aehren pranget.

Müde wird die Sonn' alsdann,
Herbstwind führt das große Wort:
was sich irgend schämen kann,
flieht vor seinem Schelten fort.

Aber wenn auch Blumen, Blätter,
Vögel in dem Sturm verwehn,
kann dein Freuen, Mensch, im Wetter
wohl erstehn, doch nicht vergehn.

Dir ist Winter noch beschieden,
wo am traulich stillen Heerd
Liebe Dir den tiefsten Frieden,
Ahnung ew'ger Lust bescheert.

3 *

Neue Jugend.

Ihr Professores hochgelahrt,
der Frühling kommt: es ist vorbei
mit eurer grauen Litanei.
Der einst im Busch sich offenbart,
er hat noch jetzt die alte Art:
in Busch und Baum und Blüthe
sieht ihn ein froh Gemüthe.

Gott kam nicht in der Windsbraut Wehn:
die Berge stürzten: er war fern.
Das sanfte Sausen bringt den Herrn,
vor dessen Huld wir schamroth stehn,
daß uns die Augen übergehn,
und alle Herzen schwellen
und selig überquellen.

Gebüchert hab' ich ach! so viel:
nun ist mir andres Leben noth.
Die goldne Jugend ist nicht tot
mit ihrem Wandern ohne Ziel,
die mir noch nie so wohl gefiel
als grad' in diesen Tagen:
ich denk', ich darf es wagen.

Jüngstes Gericht.

Wohlan, mein Geist: mehr als Jahrtausende vorwärts jetzt,
der Dinge Ende zu schauen, das jedem naht,
der aus der Zeiten wallendem Strudel das Haupt erhebt:
sterben nennt es die Menge.

Die Sonne ist tot: es stäubt die Asche verbrannter Sterne im
　　Weltall,
in der wogenden Nacht der ungeheuren Oede.
Wer schwebt da, fällt da, stürzt,
in jähem Sturze unbewegt, vor Schrecken starr?
Ziellos ist der Flug, denn unten gähnt es wie Ewigkeit:
kein Grund, an dem das Elend zerschellen könnte,
kein Gestein, zerschmettert sich an ihm zu halten:
kein Mund, der Entsetzen kreischte:
ungeboren erstickt der Angstschrei, und würgt den stummen
　　Schlund:
keine Hand des Fallenden lebendig,
um ohne Hoffnung hoffnungsvoll ins Leere zu greifen.
Stein ist es, und ist Schemen.
Aber wehe! im Stein', im Schemen rollt ein waches Auge,
sehend wie tausend Adleraugen auf einmal,

wie des Liebenden Sehnsucht scharf, welcher der Gegenliebe
 Keimen ahnt,
wie der Haß des Verschmähten gewaltig, der den Nebenbuhler
 vernichten will.
Tiefer und tiefer fällt, höher und höher blickt's,
sieht jede Schönheit der seligen Welt,
allen Glanz Gottes,
sieht des vollsten Herzens warm wallendes Blut rosige Glieder
 tränken und zurück zu seinem Urquell kehren:
aber es liebt nicht.
Im Steine, der dort abwärts taumelt, lebt kein Wille mehr,
denn er wollte nicht, als Wollen Pflicht war,
als er lernen konnte, wie man der Seele Flügel schwingt.
Nur der Verstand dauert und grimme Wuth,
die wider den Feind die toten Sehnen nicht spannen kann,
stark genug, den Aetna aus den Wurzeln zu reißen,
ihn gegen Gott zu schleudern,
wenn der Weg vom Hirne zur Hand nicht zerrissen wäre.

Und weit davon, kundelose Wüste dazwischen,
und abermals weit davon, hinter glatter Felsen hohen Mauern,
Andre und wieder Andre,
an deren Wiegen einst Mütter saßen,
und lichte Träume spannen, und hofften.

Die dänische Dogge dort, herrischen Hohn im stumpfen Gesichte:
der zündete Rom an, die Heimath von Tausenden,
um an der Flammen Spiel die verbrauchten Nerven zu laben,
um schöner, Nerohafter, was er vernichtet neu zu bauen:
der frevle Narr, der Laune des Augenblicks zuzumuthen

was Jahrtausenden in Jahrtausenden gelang.

Sich suchte er, seiner Eitelkeit unerfüllbare Befriedigung,
in Gottes Welt zu sehen, nicht was der Schöpfer schuf und ein
    Vater duldete,
nein, was Nero wünschte, und was wie Nero war.
Und nun? das eigne Gesicht rund um ihn Millionenfach:
sich sieht er, nur sich:
von allen Seiten grinst sein ungeliebtes Antlitz ihn an,
des Menschen Antlitz, der Vorsehung gespielt,
und nun eine Ewigkeit mit seiner Seele Spiegelbildern allein
    sein wird,
allein mit den stummen Spiegelbildern seiner seufzenden Seele.

Schräg niederwärts giert hier der Blick,
des Stoßvogels Blick, der nach Beute ausschaut.
So blickte er im Leben, als er nach Gewissen suchte,
die er mit rothem Golde kaufen könnte,
für die Macht kaufen könnte, die ihn selbst gekauft.
Jetzt lohnt ihm Moderduft, des eignen Moders Duft,
lohnt ihm widerlich Gewürm,
das sich an ihm emporringelt, aus seinen Gliedern quillt,
in ihm lebt, in dem sonst nichts lebt als Ekel.
Was er mit Frohlocken schuf, als ihm die Sonne leuchtete,
das hat er jetzt, Verwesung!

Die keusche Lilie knicktest du,
die duftend sterben sollte, wann der Nachtigallen Lied verstummen
    würde,
brachest sie, damit sie in staubigem Gemache
dir zwecklofer Arbeit, geschäftigen Müßigganges rasch welkender,

rasch verworfener Schmuck würde.

Du fiengst zu deiner Lust die murmelnde Quelle ein,
den kalten Schweiß der lüsternen Hände in ihren Fluthen ab=
    zuspülen.
Der Berge Sänger schmachteten vor dir im Käfig:
an ihres waldverlangenden Herzens Schmerze
letztest du dein schmerzunfähiges Gehirn.
Was hast du nun? Die Lust ist da,
die brennend in der Seele wühlt,
und fort der Leib, der diese Lust zu büßen
das einz'ge Mittel ist, und Durst und Hunger
sind jetzt dein Erbtheil ewiglich.
Ein Irrwisch hüpfest du von Sumpf zu Sumpf,
doch jeder Schlamm auf den du fällst, was ist er,
als deiner Sünde leerer Widerschein?

Und über all dem Elend, schau, in jäher Hast
ein wildes Heer von grauen Schatten.
Aus fernem Nichts kommt es dahergeflogen,
und eh noch uns're Augen es gefaßt,
ist es ins Nichts schon wieder fortgezogen.
Ob Rüdenbiß gar Rehe dort zerfleischte?
Wer war das Wild, das durch die Himmel kreischte,
und vor den Zähnen, die's gepackt,
in Todesangst davonstob, eh wir's sahen?
Der Meute Ruf verhallt, die Wolken wirbeln nach,
der Aether schwingt noch hinter den verschwundnen Hufen.
Und Meilen weit, dort wo ein Siriusstrahl
die Ferne jäh erhellt, sieht man's von neuem, sieht die grause
    Qual,

und hört den Jäger seinen Hunden rufen.
Das ist kein Wild, wie es durch Erdenwälder strich,
eh dieser Erde Glanz erblich.
Weh, Menschen sind's, in eil'ger Flucht vor wem?
Der König, auf dem Haupte noch das Diadem,
die Priester auch in faltigen Talaren —
wer wagt es, solche Häupter so zu hetzen?
Doch keine Hunde seh ich hinter jenen Schaaren.
Der Jäger fehlt. Woher dann das Entsetzen,
das schrecklich sich auf den Gesichtern malt?
Woher die Flucht, die sie von dannen reißt?
Wir hörten nichts: nur unser Geist
hat den Geberden, die dort angstvoll flehn,
den Füßen, die dort flüchtig streben,
den Ton voraufgedichtet, der zum Ohre kam,
hat Jäger und die Meute zugegeben,
um jenen Jammer zu verstehn.
Als Sonne noch auf grüne Erde heiß
und Blüthenlockend niederschien,
als Menschen sich auf dieser Erde mühten,
um sonnenwürdig, hell und rein
das von dem lieben Licht Beschienene zu machen,
und sonnenwürdig selbst zu sein,
da stand die Feigheit abseits hinterm Zaun,
und wann ein Strahl in ihre Nähe drang,
so beugte freilich sie den ungelenken Nacken,
und log dem Licht Verehrung, pries den warmen Glanz,
doch blieb sie selber dunkel, kalt und tot:
ja mehr als das: sie haßte Jeden gar und ganz
der muthig aus dem angestammten Dunkel,

aus eignen Irrthums, fremder Schuld Umstrickung,
aus dieser, ach so gern gemiednen Erde Noth
die Flügel auf zum blauen Himmel schwang:
sie knickte, wo es gieng, das was zum Lichte strebte,
und schmähte alles, was im Lichte lebte,
und hinderte, was nicht so rasch und werdefroh,
daß ungegriffen es der stets nur kurzen Hand
des erdgebannten Neids entfloh.
Die Geister der, aus Angst, vor der Geburt erschlagnen Thaten,
die Herzen, die ein Freund aus schnöder Furcht verrathen,
die Seelen, welche durch ein einzig Wort
vor ewigem Verderben einst zu retten waren,
und die, weil's ungesprochen blieb,
verzweifelnd in die Tiefe mußten fahren, —
sie all' erscheinen dräuend denen, die dort ziehn.
Thät's Noth, die Peitsche schwäng' ich selbst auf das Gesindel.
Faß, Opportunität, faß, Compromiß!
Wozu hat sich mit eurer Zucht des Abgrunds schwarzer Fürst
    geplagt,
ihr Höllenhunde, wenn ihr jetzt nicht jagt?

An blauen Meeres schaumgekränztem, hohem Saum
dehnt sich das Land, das Gott den Seligen bestimmt.
Schnee deckt der grenzenden Berge schön geschwungnen First,
ein Silberschild, der jedem Feinde den Zutritt wehrt.
Hier dichte Wälder, Wiesen dort im Sonnenschein,
und Bäume, zugleich von Blüthen und von Früchten schwer.
Auf Säulen von Krystall ruht golden ganz das Dach,
und Gottes warmer Athem wehet frei durchs Haus.
Da liegt die Fluth von des Tages erstem Gruß bewegt,

und schaukelt ihre grünen Wellen in seinem Glanz.
Der Mittag kommt, und weißer Dunst träumt auf der See,
bis Sonne sinkt, ein purpurn Blau das Meer bespinnt,
bald nur der Wogen Brandung noch sein Dasein lehrt.
In diesem Buche liest dann täglich der Sel'gen Schaar,
dieselbe Seite, die weit da aufgeschlagen liegt,
stets neuer alter Wahrheit und süßen Sehnens voll.
Dann gehn sie einsam, denken jenem Leben nach,
das sterbend sie so viele Jahre lang gelebt:
wie sie auf dunklen Wegen eine helle Hand,
des guten Vaters und Königs Hand, hierher geführt.
Auch meldet einer dem andern wohl, wie wunderklar
die Räthsel jetzt sich lösen, die tief verschlungen einst
mit hartem Fragen und schwerem Druck das Herz verzehrt.
Seitab ein andrer findet und singt die Melodien,
die vormals, zugleich ihm Glück und herbster Werdeschmerz,
kaum je im Traum sich von seiner Seele trübem Grund
losrangen, im Wachen nur mit leisem, fernem Gruß
wie Echo eines Echos durch sein Herz getönt,
unausgesungene, ernste, schreitende Melodien.
Doch stille lieber, denn was den Sel'gen das sel'ge Land
bescheeren wird, kann keines sterbenden Menschen Mund
Mitsterbenden verkünden, weil es Leben ist,
ein freies Wachsen nach allerwärts im eignen Maß,
ein Du auf Du mit Gottes Kindern allesammt,
ein Athmen, Leben, Weben, Wirken in Gottes Haus.

Und nun zu uns, die mit gebrochnem Herzen
dem fernen Streischen Licht am Himmelsrand,
dem Traum vom Ende nach die Füße schleppen:

die aufwärts wollen, und stets unten bleiben:
die vorwärts streben, und meist stille stehn:
die rein von Fehl, licht wie ein Edelstein,
der Sonne Strahl durchlauchtig trinken möchten,
und die voll Flecken, stumpf und undurchglänzt,
fast, wo wir wurden, an der Erde liegen:
die, Freiheit heischend, Sklavenketten lieben,
und fester selbst alltags die Ketten schmieden:
die in dem Mummenschanz, der uns umspielt,
nur Masken sehen, und was die Maske deckt
nicht wissend, Thorheit stets auf Narrheit häufen,
und auf die Thorheit Haß und Ueberdruß:
die nichts als klügste Vorsicht um sich finden,
wo sie fürs Beste sprechen, kämpfen, leiden,
und denen man, wann sie im heißen Streit,
wo sie ihr Leben in den Händen tragen
und für der Menschheit höchste Güter ringen,
ein irrig Schrittchen thun, unrichtig fechten,
und falschen Hieb mit eigner Wunde büßen,
voll Spott und kalten, selbstzufriednen Hohns
vorrücket, wie so viel zu Tadel stehe:
daß unser Todesmuth nicht opportun,
daß unbequem die derbe Ehrlichkeit,
unschön der Krieg, und Alles laufen lassen
wie's eben läuft, das einzig Rechte sei,
da es allmälig ohne jede Müh
kraft eingeborener Nothwendigkeit
zur endlichen Vollendung reifen werde.
Pfui euch, ihr Optimaten Epikurs:
wir sind es herzlich satt euch nur zu sehn.

Von eurem Anblick werden der Seele Federn,
obwohl sie Gott aus hartem Stahl geschmiedet,
so schlaff uns, daß sie fast den Dienst versagen.
Ihr reutet Gott aus jedem Menschen aus.
Wo eure faule Gegenwart geschienen,
schwebt alsobald als Dunst im leeren Raum,
als Spiel der Winde, was die Seelen tränkte.
Den Feind im Herzen, und die Brüder Feinde,
auf deren Hand und Hülfe wir gewiesen,
und bergehoch die Wälle gegenüber,
was Wunder, daß uns Müdigkeit besiegt?
Drum, wenn es ja auch uns beschieden ist,
den Funken Geist heil durch den Sturm zu retten,
so wollen wir vor dem neuen Tage Nacht,
und vor dem Frühling einen Winter haben,
um von dem Leben uns im Tod zu ruhn.
Denn dieser Tag war Tag nicht und nicht Nacht,
der Sommer arm an Sonne, Frucht und Lust,
und Tag und Sommer müssen aus dem Geist
erst weggewischt uns sein und ganz verweht,
eh uns nach Tag und Sommer ein Begehren steht.

Vom Himmel sinkt es weiß und dicht:
kein Hauch fliegt durch das graue Licht:
kein Ton im Himmel, auf der Erde kein Ton:
wir schlafen schon,
und wollen noch lange schlafen.

Der Glocke Dröhnen drang ins Ohr:
verträumtes Auge blickt empor.

Noch heut wie gestern sinkt hernieder der Schnee,
der Schnee, der Schnee:
wir können noch lange schlafen.

Und nun ist auch die Weltuhr still,
weil Gott uns Ruhe gönnen will.
Vergangen Alles: die vergängliche Zeit
liegt hinten weit:
die Ewigkeit läßt uns schlafen.

Entsagung.

Da ich zum Handeln Kraft und Zeug besitze,
paßt es mir herzlich wenig, Worte machen.
Ich wäre lieber mitten in den Sachen,
statt daß ich einsam an Sonetten schnitze.

Und müßten's Worte sein, könnt' ich mit Witze
die Affen Gottes über den Haufen lachen:
geläng' es, predigend Wärme zu entfachen,
wo wechselnd jetzt regieren Frost und Hitze.

Doch da sich Niemand selbst das Leben wählet,
und Niemand selbst bestimmt, wie er will leben,
bin ich zufrieden, nicht am Reich zu bauen,
nicht göttliche Musik dem Volk zu geben,
nein, mühsam Steine fremdem Plan zu hauen,
und formvoll auszusprechen was mich quälet.

Quod semper, quod ubique, quod ab omnibus.

O Glocke, als dein Meister dich gegossen,
da herrschte Andacht rings in diesen Landen.
Noch lange Jahre ward dein Ton verstanden,
wann in die Ferne er vom Thurm geflossen.

Die jetzt dich hören, hören dich verdrossen:
kam ihnen ja in matten Zweifelns Banden,
in des Erwerbens Noth, der Sinn abhanden,
der ihren Vätern was du meinst, erschlossen.

Doch meine Seele schwebt auf deinem Klange,
und eint sich da mit unsrer Ahnen Seelen,
hofft was sie hofften, bittet wie sie baten.
Und wenn gleich Priester mir und Altar fehlen,
ich fürchte nicht, daß nicht auch ich gelange
ins Heiligthum, das jene schon betraten.

Vaterland.

Geduld, mein Herz! der Abend kommt,
und nach dem Abend kommt die Nacht.
Doch nicht die Nacht ist's, was dir frommt:
dank' du der Sonne, die dir scheint,
die morgen früh dir neu erwacht.

Bergan geht Schritt für Schritt dein Pfad:
mit wundem Fuße klimmst du auf:
bald schwindelst du am Felsengrat,
bald keuchst du elend durch Morast,
und müde macht ein solcher Lauf.

Die Wipfel glühn im Abendroth,
und Moos ist da, und Tannendach:
bereit das Bett für die müden Knie:
leg' nieder dich zu rasten hie:
der Traum der Heimath ruft dich wach.

Geht dann der junge Tag ins Land,
und stehst du auf von deiner Ruh,
wie liegt tief unten schon das Thal!
der Gipfel schon greifbar im Morgenstrahl!
Wo ist mein Stab? nur zu, nur zu!

4

Und auf der höchsten Klippe Rand
— o goldne Sonne, die mir's zeigt —
das Reich, nach dem die Sehnsucht stand,
das Reich, in dem die Sehnsucht schweigt
das wahre, ew'ge Vaterland.

Nach dem Tode.

Des Kerkers Thüre brach: die Haft ist aus.
Was stehst du, Seele, zögernd an der Schwelle?
Verlaß für grünen Wald das graue Haus,

die Finsternis verlaß, und schwing' dich auf ins Helle:
jetzt steht zum Himmel frei der ungehemmte Zug.
Doch zaudert sie noch an der alten Stelle:

sie schaut sich an, und hat nicht Muth genug,
die Fittige, niemals noch entfaltet,
emporzubreiten zum ersehnten Flug.

Lichtlose UnNacht ist's, die um sie waltet.
Sie sieht nicht, ist nicht blind, nicht taub, und höret nicht,
und alles vor ihr däucht sie nichtgestaltet.

Doch horch, ein schwellender Accord, der durch die Dumpfheit spricht:
doch schau, ein Licht will durch die Nebel dringen:
o fühle den warmen Hauch, der durch die Fernen bricht.

Da regen leise sich die schlaffen Schwingen
und rudern schüchtern in des Aethers Wogen:
ein jeder Schlag bringt froheres Gelingen.

Nun zieht sie, wie die Wandervögel zogen,
die einst sie neidete, als sie in reiche Ferne,
durch Herbst zum Lenz, hinüberflogen.

4*

Milchstraßenschein, in Duft zerfloßne Sterne:
und unten athmet dunkelgrün ein Meer.
Weit vor ihr, daß den Weg sie lerne,

schwebt jetzt ein göttlich Frauenbild einher,
bald Mutter, Schwester bald, bald Braut, bald Weib,
bald einsam Dienende, wie sie für Nächte schwer,

für Tage bang und heiß, wann mit dem Tod' ein Leib,
ein siecher, ringt, den Hulden Gottes lebt.
Selbstlose Liebe heißt das Weib,

um deßen Haupt ein Kranz von schmelzendem Silber schwebt,
und seiner Trägerin stets wechselndes Gesicht
durch seinen milden Schimmer hebt:

die Seele schaut sie, aber sieht sie nicht,
ihr Schaun ist Ahnen bald, und bald Gedenken.
Wann dann zum Flug' einmal die Kraft gebricht,

wird sich die Seele auf die Wellen senken,
und leicht von ihrem schaukelnden Schwall getragen,
Meermädchen gleich die Fahrt zum Ziele lenken.

Schon sieht sie klar des Landes Küste ragen,
und einer unsichtbaren Sonne Strahlen,
wie nie sie leuchtete in Erdentagen,

den Strand, die Höhen, kühne Gipfel malen.
Hier sind die Fernen, die den Hauch gesendet,
deß Ahnung einst sie riß aus ihren Qualen:

hier her erklang der Ton, von Gott gespendet,
der Schlußaccord für ihre Melodien,
dem nach sie sich zu diesem Ziel gewendet.

O Licht NichtLicht, du mußt zum Quell mich ziehen,
aus dem dein glühend Dunkel sich ergießet,
zum Quell, aus welchem, klingend in Harmonien,

so Duft, so Glanz, so Hauch, so Wärme fließet,
von dessen seitwärts stäubendem Ueberschwang
die Menschheit lebt, und Baum und Blume sprießet.

Du dientest mir in Noth ein Erdenleben lang,
— so sagt der Seele jetzt ein ungesprochnes Wort —
und all dein mir geweihtes Thun mißlang:

in Ehren ewig diene mir hinfort,
und was du planen magst, es ist gethan.
Dich hemmt in deinem Dienst nicht Zeit, nicht Ort.

Siehst du ein Kind dem Nest der Natter nahn,
so wandle dich in eine Rose wild,
so gaukl' als Schmetterling auf nährer Bahn,

und täusch' hinweg vom Tod das süße Menschenbild,
das nach dir greifend jenem Gift entgeht.
Arglosem Wandrer sei ein ungesehner Schild.

Und wann ein Jüngling vor der Sünde steht,
so zaubre vor ihn seiner Mutter Grämen,
bevor sich abzuwenden es zu spät,

eh in der Lust die Schmerzen Anfang nehmen.
Zieh mit der Glocke Ton, daß er mit Menschenseele klinge,
der Trauer Trost, und Sehnsucht den Bequemen,

den Gruß des Lebens an die Gräber bringe.
Als nun die Seele dieses Wort vernommen,
da däucht sie sich am Ende aller Dinge.

Nicht darum, o mein Gott, bin ich hierher gekommen:
nicht darum dient' ich dir in jenen andern Landen.
Du weißt ja freilich, was zu meinem Frommen,

doch mache meine Hoffnung nicht zu Schanden.
Mein Herze brennt, dich endlich anzubeten
in Geist und Wahrheit, frei von allen Banden.

Ich will vor dir nicht knien, nicht stehn, vor dich nicht treten:
vor dir verschwindend will ich im Verschwinden leben.
Sei du des Cirkels Schluß und Fuß und Hand, im steten

Umschwung' um dich will deine Kreis' ich weben.
Sei Sonne du, ich will dein Leuchten sein,
und von dir ungeschieden in die Weiten schweben.

Ich Ringes Gold, sei du mein Edelstein,
in mich für alle Ewigkeit gebunden.
Dein Strahlenglanz, er gilt allein,
ich bin nur Träger, um deinen Blick gewunden.

Das Lied ist aus: ich weiß nicht, wie es endet.
So Bild, so Wort ist meinem Geist geschwunden.
Wann ich vollendet habe, wird's vollendet.

Rückblick.

Wir haben jetzt genug geliebt:
mit Heute geht das Hassen an.
Wer vor dem ew'gen Tode steht,
darf thun was er nicht lassen kann.

Die Fackel hält noch Pech und Wachs,
sie selber löschen will ich nicht:
wenn ihr ein Bube das Brennen wehrt,
qualmt sie dem Buben ins Gesicht.

Die Mutter hat mich ausgesetzt,
und sich ins Grab davongemacht:
ach! keine Liebe stand dem Kind'
an seinem Bette in der Nacht.

Ach! keine Liebe stand dem Kind'
an seinem Wege ohne Ziel:
es wand sich einsam durch's Gestrüpp,
und Niemand hob es auf, wann's fiel.

Auch jetzt — wer wischt den Schweiß mir ab?
und wer das Blut, wann Dorn mich sticht?
wer leitet mich in sichres Haus?
doch höhnen Alle, erreich' ich's nicht.

Die von Gott selbst berufen sind
zu helfen wo die Hülfe fehlt,
sie schaun mit frommer Heuchler Lust,
wie sich ein Mensch im Staube quält.

„Laßt schleppen nur die grimme Noth
wie eine Kett' am Bein den Mann:
Bedienter wird am End' auch Er,
wenn er sie nicht mehr schleppen kann."

Und er erschleppt die Kette doch,
schleppt seinen Ekel nebenbei,
und bleibt dafür von Satans Dienst
in allem seinem Jammer frei.

Sieh, neben, nach, entgegen ihm
was für ein Reichthum von Genies!
Sie alle suchen Wissen nur:
thun sie es nicht, so sagen sie's.

Sie sollten scheuen allen Schein,
warm fühlen, wo die Wahrheit brennt:
sie sollten thun in Männer Art,
feststehn wie dort das Firmament.

Sie tragen schweigend ohne Zorn
was so der richt'ge Lump nur trägt:
sie, die bewaffnet feiern da,
wo nackte Faust wie Flamberg schlägt.

Sie spritzen Gift, sie schleudern Brand,
wo mit Verwesung kämpft ein Sein:
zum Schmähwort haben da sie Muth,
wo Ehrenmänner mild verzeihn.

Ihr mordetet die Lieb' in mir:
ich wär' ein Tropf, Sohn eines Tropfs,
gäb' ich an Seelen fort mein Herz,
die rein wie Nest des Wiedehopfs.

Was ich jetzt leide, was ich thu',
für Gott hat's leider kein Gewicht:
zur Schmach und Schande thu' ich's Euch,
doch Gott zu Ehren thu' ich's nicht.

Ich will Euch zeigen, daß allein
ich mehr als Eure ganze Schaar,
daß, bliebt nur Ihr aus meinem Weg,
ich König dieser Erde war.

Und dieser Haß ist mein Geschick,
der meine Thaten alle hebt.
Sie schützen mich vor Höllengluth:
Er macht, daß ich umsonst gelebt.

Ein körperloser Schatten jetzt,
ein schattenloser Körper auch,
schweb' ich, ein Nichts, im Wirbelwind'
ach! weniger als des Hauchs ein Hauch.

Wär' ausgewachsen, was als Keim
in meines Geistes Tiefen lag,
so wär' ich — kühnlich sei's bekannt —
in dieser dunklen Welt ein Tag.

Ich wär' ein Stern, der aus dem Blau
das Weib mit süßer Sehnsucht tränkt,
das, wenn auch trauernd, hoffend doch,
des fernen Trautgesellen denkt.

Ich wäre ein Posaunenruf,
der weckend in die Gräber dringt,
der Feigen selbst ihr welkes Herz
zu Muth und keckem Thun beschwingt.

Ich wär' ein Sehnsuchttrunknes Lied,
das um des Waldes Wipfel schwebt,
das in der Seele Tiefen rinnt,
und Schwache auf zum Himmel hebt.

Das ist vorbei, durch Euch vorbei.
Daß ihr nur nicht zu sterben wähnt!
Seid Nichts, das sich zu leben müht,
Seid Nichts, das schlaflos müde gähnt!

Die Lust zu lieben bleibe Euch,
die Kraft zu lieben fehl' Euch ganz!
Steht dürstend ohne Zung' am Quell,
steht Augenliederlos im Glanz.

Ein körperloser Schatten jetzt,
ein schattenloser Körper auch,
schweb' ich, ein Nichts, im Wirbelwind'
ach! weniger als des Hauchs ein Hauch.

Doch jene Seel', aus Blumenduft
und lauer Lüfte Wehn gewebt,
sie weint, wann ernstlich sie einmal
durchdenkt, wie dieser Mensch gelebt.

Fortschritt.

Fasse mich doch,
fasse mich, Sturm, wenn du kannst.
Höhnend fliegt vor dir mein Schiff:
mit dem Rücken sieht dich der Steuermann,
mit dem Rücken das Steuer an.
Da ist mein Segel: zerreiß es.
Doch die Taue halt' ich, und vorwärts treibt mich deine Wuth,
Woge auf, Woge nieder,
dem Strande zu, den ich suche.
Wirf die Welle dem Landenden nach,
wirf den Schaum der Welle ihm nach:
der grünen Weide Gelock fasse ich schon, das vom Felsen hängt.
Auf zu den rothen Aepfeln im dunklen Laube,
auf zu der Heimath und dem traulichen Heerde,
fort von dir klimm' ich, du Hasser, du Helfer.

Was der Sturm dem Schiffe, das über die Wasser streicht,
ist die Zeit dem Herzen.
Zeit, unbändiger Wuth gegen die Guten voll,
die, nach ewigem Heil sehnend den Blick gewandt,
strauchelnden Fußes, doch aufwärts immer,
hin zu der goldenen Heimath wandern:
nimm mir jeden Besitz, den ich von dir empfieng:
Unentreißbares nur will ich als Eigenthum.

Leichteren Schrittes, wenn ohne Bündel,
werde ich das winkende Ziel erreichen.

Ziel nicht Ziel, denn die Ewigkeit,
leeres Wort ist sie, kein Du für mich.
Es ist die arme Ewigkeit
nur eine grenzenlose Zeit.
Ich strebe einem lieben Du,
nicht einem weiten, uferlosen Meere zu.
Hab' ich dies Du gefunden,
so ist mir Zeit und Ewigkeit,
so bin ich selbst mir selbst entschwunden.
Doch danke ich dem Sturm das Land,
der Zeit dank' ich die Ewigkeit,
der Ewigkeit in alle Zeit,
daß ich die ew'ge Liebe fand.

Rosseck.

Sie sagen, du seiest tot, Vater Woden,
und doch hörtest du noch, als ich dich rief.
Thu die Tarnkappe weg,
daß ich dein Land erschaue,
die Quellen schaue, die zur Donau laufen,
zum schwarzen Meere, wo deine Gothen wohnten,
und deiner andern Kinder Enkel wohnen werden:
daß die Kette mir blaue,
welche den Rhein verhüllt,
und des Wasgenwaldes nun wieder deutsche Kuppen.
Da hörtest du: der Nebel zerriß,
und deine Sonne leuchtete über die Opferstätte.
Nordwärts eilten die Wolken wie weiße Stuten,
anspringend, die Gipfel mit den Hufen stampfend.
Aber du zürnest, Vater,
hüllst dich wieder ein:
denn undeutsches Gezücht sah dein Auge.
Doch wohnen dir unten im Thal' und auf fernen Hügeln,
wohnen am Meere, das der singende Schwan überfliegt,
Diener, die deiner harren,

und deines Sohnes Hammer noch schwingen werden.
Balder und Frick wachen wieder auf.
Blondlockige, blauäugige Jugend
wirft den Ball auf der Wiese,
mit den baaren Füßchen den Dost zertretend,
von Baches Ranft deine Sterne zu Kränzen windend.
Der Jüngling bricht die Scholle um für neue Saat:
unter der braungoldnen Aehren Fluth rauscht seine Sense:
bald naht der Binderinnen hurt'ge Schaar.
Durch das Tännicht wandelt zur Arbeit Morgens der Mann,
wann es den Athem anhält,
deines Geriesels linde Tropfen trinkt:
ergeht sich im herben Eichwald' Abends,
silbernen Mondwebens voll die Seele.
Den Greis in der Zelle umfliegen deine Raben,
Erinnerung und Gedanke,
daß er Deutschland Heilsames sinne,
nicht wie ein vaterlandsloser Narr dem Erdball.
Und für Alle hütet im umfriedeten Hause
die deutsche Mutter den Heerd.
Schütze, Vater Woden, vom Wasgenwalde
bis wo der Borysthenes neudeutsche Fluren grenzt,
schütze von der Nordsee Strande zur Adria,
was deines Blutes ist und deines Geists.
Die Stämme laß, ein ungelöset Bündel,
nur dann sich trennen, wann an den Marken Feinde drohn,
westwärts die einen, ostwärts die andern schirmen:
im Norden und Süden wohnt ein befreundetes Geschlecht.
Die Fürsten vorauf dem Volke in Zucht und Denken,
das Volk folgend dem, der Vorbild lebt und vorwärts geht.

Und jede Woche sammeln vom Haus am Bühel,
von des Flusses Ufer im tiefen Thale,
aus des Bergwalds friedlich beschlossenem Heim,
deine Kinder sich zur Opferstätte,
anzubeten vor dir, zu danken und zu bitten.

5. II. 1885.